¡Bienvenidos!

1

Silvia Cortés Ramírez   Jose Pavón Ramos

George

Mi libro de español

ELI

EUROPEAN LANGUAGE INSTITUTE

© 1995 ELI s.r.l. - European Language Institute
P.O. Box 6 - Recanati - Italia

Impreso en Italia por Tecnostampa - Loreto (ITALIA)

¡ Bienvenidos !
—1—

¡Hola!

Una y dos,
la Betty, Betty Boop,
Los tres cerditos
y el lobo feroz.
Una y dos,
¡Hola! te digo yo.
Si es por la tarde:
las buenas tardes.
Si es por la noche:
las buenas noches.

Unidad 2
Los nuevos amigos

Por la mañana ...

¡Buenos días, señora!

¡Buenos días, señor!

¡Hola!

Por la tarde ...

Escribe el saludo correspondiente.

¡ 16.17.19.9., 9. 14.17.10.17.18.
19.17.18. 9.7.15.11.17.18. 10.2.,
5.9.20.15.2.12., 7.9.12.15.18.9.
13. 10.2.19. 4.2.3.6.2.8.17.
14.17.1.13. !

a = 9
b = 1
d = 10
e = 2
g = 11
h = 16
i = 15
l = 19
m = 7
ñ = 8

o = 17
p = 4
q = 3
r = 12
s = 18
t = 14
u = 6
j = 5
y = 13
v = 20

Sopa de letras

```
B E H C O N A L R O P
U B E S T A U S O Y O
E G A L L I N A A A G
N E H O L A N M N M E
O P E R R O O A A I U
S E T O D O S R M G L
D Q S E S T E I R O A
I U T O B Y D S E S T
A E S E Ñ O R A H I S
S Ñ J A V I E R A S A
P O R L A T A R D E H
```

- Hola
- Este
- Hermana
- Buenos días
- Por la noche
- Pequeño

- Soy
- Perro
- Esta
- Por la tarde
- Hasta luego
- Gallina

- Señor
- Marisa
- Toby
- Todos
- Javier
- Amigos

¡ _ _ _ _ _ _   _ _ _ _ !

La gallina Caponata

La gallina Caponata,
ha puesto un huevo,
ha puesto dos,
ha puesto tres.
La gallina Caponata,
ha puesto cuatro,
ha puesto cinco,
ha puesto seis.

La gallina Caponata,
ha puesto siete,
ha puesto ocho,
ha puesto nueve ...
déjala la gallinita,
déjala la pobrecita,
déjala que ponga diez.

Unidad 3
¡Al colegio!

Aquel es tu colegio, Javier.

Colegio

¿Llevas el libro?

Sí, aquí está.

¿Y el cuaderno?

Aquí está.

¿Y el bolígrafo?

Buenos días, niños. Podéis sentaros.

¿Estáis listos?

Colorea

Colorea
el libro
de **azul**

Colorea el
cuaderno
de **amarillo**

Colorea
la ventana
de **verde**

Colorea
la pluma
de **rojo**

Colorea
la puerta de
marrón

Colorea
la goma
de **naranja**

Colorea
el pupitre
de **violeta**

Colorea
la silla
de **rosa**

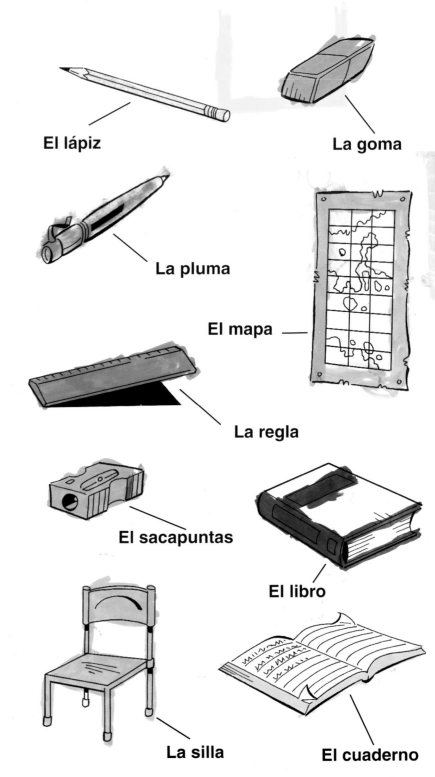

El lápiz

La goma

La pluma

El mapa

La regla

El sacapuntas

El libro

La silla

El cuaderno

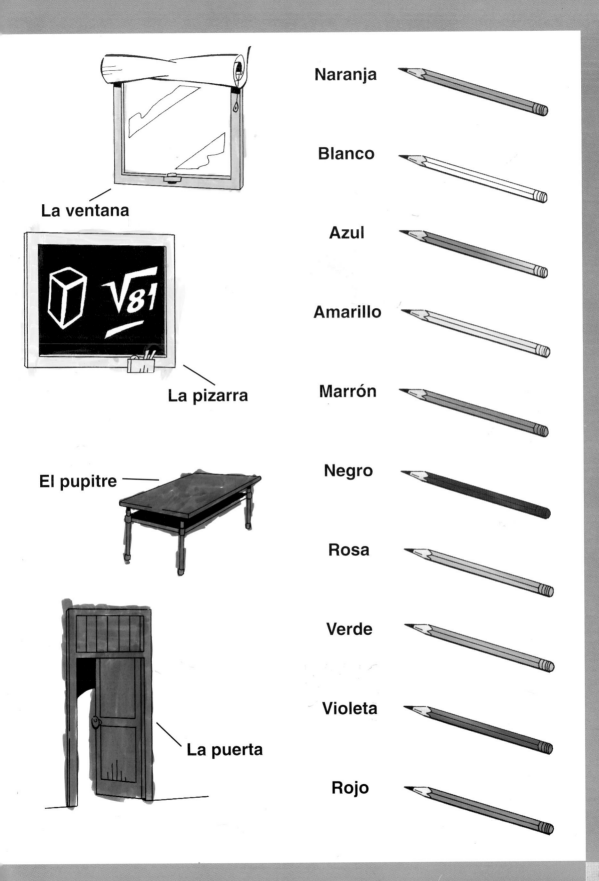

La ventana

La pizarra

El pupitre

La puerta

Naranja

Blanco

Azul

Amarillo

Marrón

Negro

Rosa

Verde

Violeta

Rojo

Colorea los globos

¿Qué hay?

	A	B	C	D
Uno	1			
Dos	2			
Tres	3			
Cuatro	4			
Cinco	5			

A1 Hay una ......Silla......   **B3** Hay una ......gaMa......

A2 Hay una ......pluma......   **C2** Hay un ......cuaderno......

A3 Hay un ......lápiz......   **C3** Hay una ......regla......

B2 Hay un ......libro......   **A5** Hay un ......Pera......

Encuentra las palabras escondidas

Haz un broche... por ti mismo

Necesitas:

Tijeras

Imperdible

Cartulina

Cinta adhesiva

Pegamento

¡Hola, yo hablo español!

Yo soy...
....

Feliz cumpleaños

Sonríe

Haz lo que ves en los disbujos y...

¡Aquí está, ya tienes listo tu broche!

Unidad 4
¡La hora de dormir!

23

Los números

1 Uno

2 Dos

3 Tres

4 Cuatro

5 Cinco

6 Seis

7 Siete

8 Ocho

9 Nueve

10 Diez

11 Once

12 Doce

13 Trece

14 Catorce

15 Quince

16 Dieciséis

17 Diecisiete

18 Dieciocho

19 Diecinueve

20 Veinte

¿Qué hora es?

Escribe su número de teléfono

Mi número es: seis, siete, siete, ocho, cuatro.

El número de Pepe es: cinco, tres, nueve, cero, cero.

El número de Carmen es: uno, dos, cuatro, siete, nueve.

Mi número es: cinco, ocho, seis, ocho, siete.

El mío es: siete, siete, cuatro, cero, cinco.

Este es el número: nueve, cero, uno, cinco, seis.

Haz un reloj... por ti mismo.

Necesitas:

Cartulina

Tijeras

Bolígrafo

Lápiz

Sujeta papeles

Haz lo que ves en los dibujos y...

¡Felicidades tu reloj está listo!

Unidad 5
El cumpleaños de Javier

¿El abuelo viene a mi fiesta?

¡Claro, Javier!

¡Viva!

Y tiene una sorpresa para ti.

En el jardín

¡Felicidades, Javier!

Gracias.

¿Dónde está el abuelo?

Ahora viene, ¡Con una sorpresa!

Es **verano**.
Hoy hace calor.

Es **otoño**.
Hoy hace viento.

Julio
7

Agosto
8

Septiembre
9

Octubre
10

Noviembre
11

Diciembre
12

¿Cuántos años tienes?

Fernando

Laura

Paco

Oscar

Susana

Rosa

¿Verdadero o falso?

	V	F
1. Fernando tiene doce años.	☑	☐
2. Laura tiene siete años.	☑	☐
3. Paco tiene nueve años.	☑	☐
4. Oscar tiene ocho años.	☑	☐
5. Susana tiene diez años.	☐	☑
6. Rosa tiene once años.	☐	☑

¿Cuándo es tu cumpleaños?

Abril

Septiembre

Diciembre

Febrero

Julio

diciembre   septiembre   Febrero   Julio   Abril

¡Cumpleaños feliz!

¡Feliz, feliz en tu día,
amiguito que Dios te Bendiga,
que reine la paz en tu día
y ... que cumplas muchos más!

Señala tu sitio con una tarjeta

Necesitas:

Pinturas

Tieras

Cartulina

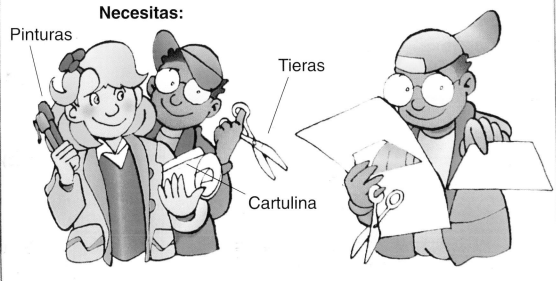

Haz lo que ves en los dibujos.

Y ... ¡Ya está listo!.

ROSA

Unidad 6
La merienda

¡Qué bueno eres!

Al rato...

¿Y el zumo de naranja?

¡Qué amable!

¡Quema!

¡Si te cojo vas a ver!

Humorismo

Sopa de letras

```
M Z M E R I E N D A U
E P M B A T I D O R A
R E T E N G O O P A N
M S E R E S D Z U M O
E C N A R A N J A E N
L A E B U E N O N R U
A D A M A B L E A B Y
D O S I E M P R E M A
A R T A M B I E N A S
A C E N A N L E C H E
A L M O R Z A R J A D
```

- Almorzar →
- Amable →
- Batidora →
- Bueno →
- Cena →
- Desayuno ↑
- Eres →
- Hambre ↑
- Leche →
- Merienda →
- Mermelada ↓
- Naranja →
- Pan →
- Pescado ↓
- Siempre →
- También →
- Tengo →
- Zumo →

¡ __ __ __ __   __ __   __ __ __ __ __ __ __ !

Las frases partidas

1. para la gusta desayunar Me leche

   Pcha la dosayunt me gusto la keke

2. té merendar Para el gusta miel con me

   Para merendar me gust ted conmi

3. hoy pescado Qué mamá cenar para prepara

   Qué mamá pepa la pala cenar

4. más es importante día El comida desayuno la del

   el desayuno es la camida mas importan de dia

5. naranja la gusta me de No mermelada

   no me gusta la cuakh melada de naranja

6. de naranja ahora zumo un Tengo bebo sed

   Ahora tengo sed bebo un zumo de naranja.

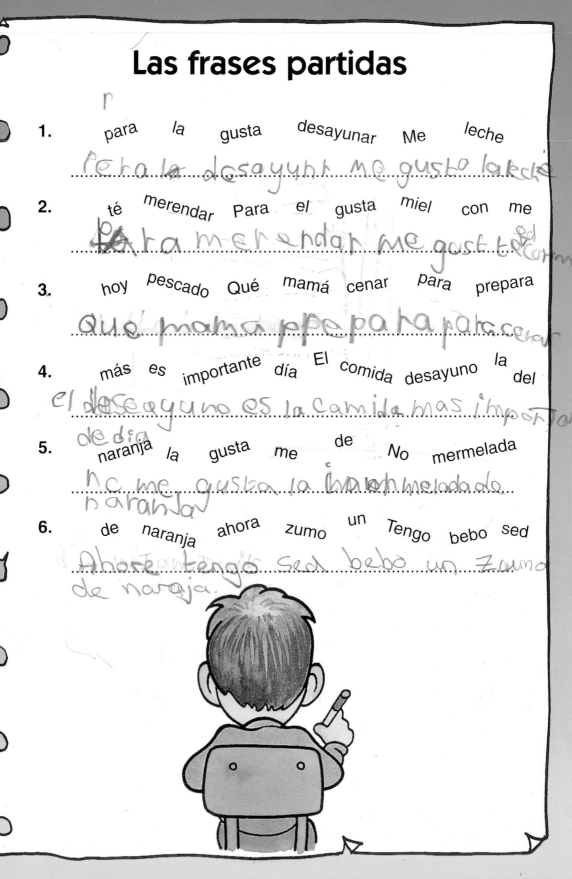

Prepara un batido de frutas... por ti mismo

Necesitas:

Tus frutas favoritas

Miel

Leche

Haz lo que ves en los dibujos.

Enciende la batidora y ¡Felicidades!

¡Esta es una merienda nutriente!

DISCO

El juego de los números

SALIDA

El juego de la oca

Unidad 7
La danza del sol

Por la tarde.

"Y esto es todo por hoy. Hasta mañana."

¿Qué hora es?

Son las cinco.

Entonces yo salgo.

¡Guau, Guau!

¡Tú te quedas aquí, Toby!

¿Dónde vas, Javier?

¿Qué tiempo hace?

1. Llueve
2. Hace sol
3. Hace viento
4. Está nublado
5. Nieva

Sopa de letras

```
H E L L O V I E N D O
A H S S O L T N C A D
S A E L T C L T A Q A
T C T D I A R O R U L
A E E A J L A N T E B
M V N N E L L C U H U
A I I Z R E I E L O N
Ñ E L A A O A S I R A
A N O V S I B E N A T
N T M N N I E V A E S
A O D N U B E S O S E
```

☑ Bailar	↑	☑ Está nublado	↑	☑ Nieva	→	
☐ Calle	↓	☑ Hace viento	↓	☑ Nubes	→	
☐ Cartulina	↓	☐ Hasta mañana	↓	☐ Qué hora es	↓	
☐ Danza	↓	☑ Lloviendo	→	☑ Sol	→	
☑ Entonces	↓	☑ Molinete	↑	☐ Tijeras	↓	

¡ _ _ _ _   _ _ _ _ _ _ _ _ _ !

Prepara un molinete... por ti mismo

Necesitas:

Cartulina

Una ruedecita

Una paja

Un alfiler

Lápiz

Tijeras

Haz lo que ves en los dibujos y...

¡El molinete está listo!

La canción del Sol

Caracol, col, col,
saca los cuernos y
vete al sol,
que tu padre y tu madre
te están haciendo un
camisón

Unidad 8
En casa

¿Dónde está Toby?

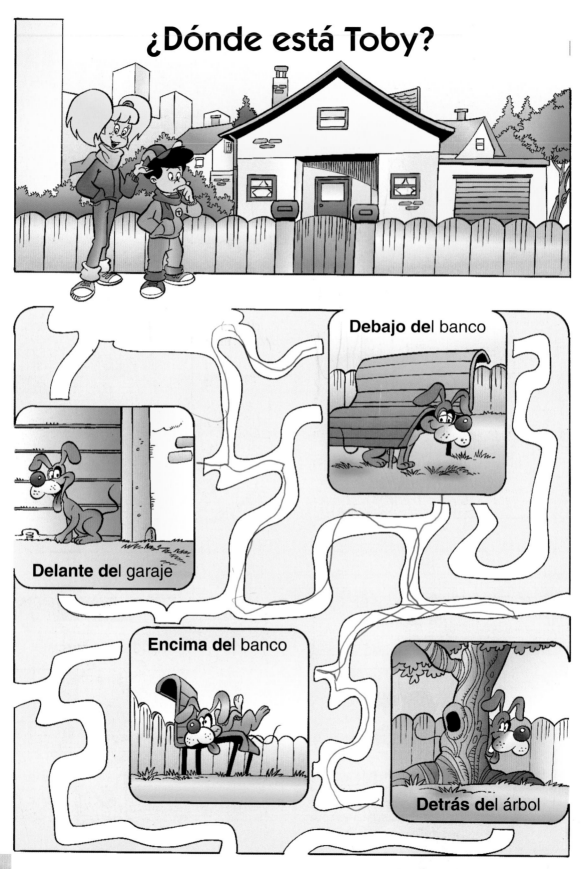

Debajo del banco

Delante del garaje

Encima del banco

Detrás del árbol

¿En qué habitación está Toby?

¿Verdadero o falso?

	Verdadero	Falso
La puerta está abierta.	▪	▪
Hay dos ventanas.	▪	▪
Las ventanas están cerradas.	▪	▪
El banco es verde.	▪	▪
Boby está debajo del banco.	▪	▪
El coche está en el garaje.	▪	▪
El tejado es rojo.	▪	▪
Javier y Marisa están en el jardín.	▪	▪
Hay dos nubes.	▪	▪

¿En qué habitación están estos objetos?

1. ....

2. ....

3. ....

4. ....

5. ....

6. ....

Unidad 9
La muestra de animales

¡Me gustan los elefantes!

Son mis animales favoritos.

¿Organizamos una muestra de animales?

Voy a llamar a los amigos.

¡... y hay un premio para el animal más bonito!

¡Genial!

¡Me encanta!

¡Qué bien!

Por la tarde...

¡Por fin, el momento del premio!

¡Socorro! ¡Ay!

¡Y el primer premio es para...!

¡Para mi elefante!

La muestra de animales

¿Qué animal es?

Es un ....

Es una ....

Es un ....

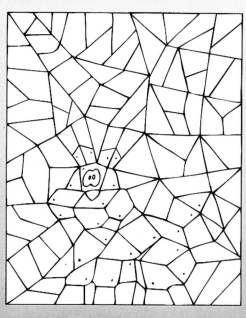

Es un ....

Busca los once animales de la muestra

```
P E R R O T L M T G P
F A O I P T Q W R I E
T O R T U G A L O C Z
E L E F A N T E P A R
P A P A G A Y O I B O
G M N R V U T B C A J
A C O N E J O C A L O
T O P Q Z S A D L L E
O A R D I L L A E O F
H A M S T E R I S G H
L U T M V S N R O Q P
```

¿Cuántos animales hay dentro de la serpiente?

Haz una careta... por ti mismo

Necesitas:

Tijeras

Elástico

Haz lo que ves en los dibujos.

¡Y ya eres ...
el Rey de la Selva!

Unidad 10
En el médico

En la consulta del doctor

¿A quién le toca?

¡Pasa Javier!

¡Gracias!

¡Buenos días, doctor!

¡Me duele todo!

¡Vamos a ver...! ¡Qué te pasa!

¿Dónde te duele?

En tu cabeza

El pelo

El ojo

La nariz

La boca

Las mejillas

El diente

La lengua

La barbilla

Las orejas

Crucigrama ilustrado

Mira y cuenta

1. ¿Cuántas cabezas ves?   Veo ....

2. ¿Cuántas manos ves?   ....

3. ¿Cuántos brazos ves?   ....

4. ¿Cuántas narices ves?   ....

5. ¿Cuántas bocas ves?   ....

6. ¿Cuántos niños ves?   ....

7. ¿Cuántas niñas ves?   ....

Haz una marioneta... por ti mismo

Necesitas:

Botones

Tijeras

Tela

Aguja

Hilo

Haz lo que ves en los dibujos.

¡Y a jugar!

Unidad 11
¡Javier tiene frío!

El abuelo nos espera en su casa.

Bueno, ve a vestirte...

... después te ayudo yo.

Al rato...

Aquí tienes la camisa y el pantalón...

... la rebeca...

Más tarde.

¡Y ahora el abrigo!

¡Tengo frío!

¡Quiero la bufanda y los guantes!

Pero si llevas la camisa, el pantalón, la rebeca, el abrigo...

Sí, pero debajo estoy desnudo.

Colorea la ropa

Colorea el jersey de **rojo**.

Colorea la camisa de **amarillo**.

Colorea el vestido de **azul.**

Colorea la falda de **rosa**.

Colorea el abrigo de **marrón**.

Colorea los pantalones de **violeta**.

Colorea los calcetines de **verde**.

Colorea los guantes de **naranja**.

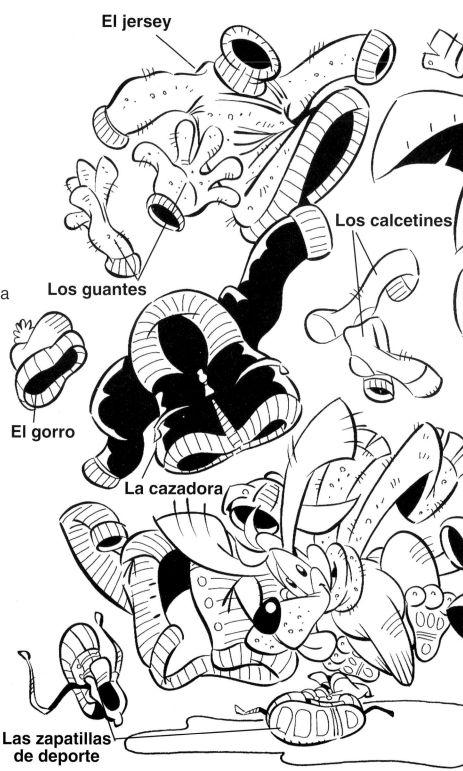

El jersey

Los calcetines

Los guantes

El gorro

La cazadora

Las zapatillas de deporte

La camisa

El vestido

El abrigo

La falda

Los pantalones

Encuentra las 6 diferencias

¿Quiénes son Roberto y Silvia?

Roberto no lleva gorro.

Roberto lleva una camisa... y unos pantalones....

Roberto no está sentado, está de pie.

Silvia lleva un gorro pero no lleva bufanda.

Silvia está cerca de Roberto y lleva un vestido ...

¿Ya sabes quiénes son?

Unidad 12
En el parque

¡Fin del programa!

Ahora vamos al parque.

¡Yo también!

¡Javier, mira estos champiñones!

¿Dónde están?

¡Mira esa ardilla!

¡Guau, guau!

¿Pero dónde?

Juegos en el parque

1

M	X	I	P
A	R	J	O
W	D	P	S
X	M	R	A

Encuentra el animal escondido

2 ¿Quién te observa?

3 Descubre el mensaje

¿1.2.   6.7.3.1.8.
2.4.   9.8.5.10.7.2. ?

T = 1   G = 6
E = 2   U = 7
S = 3   A = 8
L = 4   P = 9
R = 5   Q = 10

4 ¿Qué dice el lobo?

¿ C U A N
D O S E
C O M E

Reconstruye el puzzle y lee el mensaje

El puente roto: ¿Qué trozo falta?

Encuentra el nombre de 5 animales

81

Un río de palabras

¿Cuántas palabras hay?

Sopa de letras

```
E  U  P  R  O  G  R  A  M  A  C
Y  E  M  A  P  B  N  Z  A  E  H
U  S  E  R  A  U  M  O  P  N  A
R  C  N  D  R  H  L  R  U  C  M
T  O  S  I  Q  O  O  R  E  U  P
S  N  A  L  U  A  B  O  N  E  I
N  D  J  L  E  R  O  I  T  N  Ñ
O  I  E  A  N  A  R  P  E  T  O
C  D  O  J  U  E  G  O  S  R  N
E  O  B  O  N  I  T  A  S  A  E
R  A  A  S  O  P  I  R  A  M  S
```

❏ Ardilla	↓	❏ Mariposa	←
❏ Bonita	→	❏ Mensaje	↓
❏ Búho	↓	❏ Parque	↓
❏ Champiñones	↓	❏ Programa	→
❏ Encuentra	↓	❏ Puente	↓
❏ Escondido	↓	❏ Rana	←
❏ Juegos	→	❏ Reconstruye	↑
❏ Lobo	↓	❏ Zorro	↓

¡ _ _ _   _ _ _ _ _ _ _ _ !

¿Qué dice la ardilla?

7. 9. - 4. 11. 7. - 11. 13. -
2. 11. 1. 14. 8. 12. , -
1. 12. 7. 2. 12. 3. 11. -
13. 10. 7. -
11. 6. 9. 15. 11. 13. 12. 7.

5 = P
7 = S
3 = T
9 = I
11 = A
4 = V
1 = R
8 = U

12 = E
2 = P
10 = O
6 = N
15 = M
13 = L
14 = Q

La comba

Uno, dos y tres, pluma, tintero y papel,
para escribir una carta, a mi querido Miguel.
En la carta le decía, recuerdos para tu tía,
que está malita en la cama, los días de la semana,
que son, que son y que son:

Lunes, martes, miércoles,
jueves, viernes, sábado y domingo.

Una excursión a Madrid

Juega con tus amigos y descubre los monumentos más importantes de Madrid. Hace falta una ficha para cada jugador y un dado. Por turno, cada jugador tira el dado y avanza según el resultado obtenido y las indicaciones del tablero. Gana el que primero llega a la casilla 14.

Esta es la **Puerta del Sol**.

1

2

Te das una vuelta por el **Rastro**.

9

Coges el autobús y vuelves al n. 2.

8

Te paras a comer una tortilla y te quedas un turno sin jugar.

10

Visitas el **Museo del Prado**.

11

Esta es la **fuente de la Cibeles.**

12

Este es el monumento dedicado a **Cristóbal Colón**.

Este es el **Parque del Descubrimiento de América**.

③

Este es el **Palacio Real**, conocido como **Palacio de Oriente**.

④

Este es el **Parque del Retiro**. Estás cansado y te quedas un turno sin jugar.

Has llegado a la **Plaza de España** y estás ante el **monumento a Cervantes**.

⑥

Sigues el sonido de las castañuelas y vas al n. 9.

⑤

En los alrededores de Madrid está **El Escorial**.

⑬

⑭

La visita ha terminado: ¡Adiós, Madrid!

El juego de la oca

UNIDAD 1

Hola

Yo soy

Este es

Mi perro

Esta es

Hermana

Hasta luego

Los tres cerditos

El lobo feroz

Te digo

Por la tarde

Buenas tardes

Por la noche

Buenas noches

UNIDAD 2

Los nuevos amigos

Por la mañana

Buenos días

Señora

Señor

Pequeño

Todos

Ha puesto un huevo

¡Déjala!

La pobrecita

Dos

Tres

Cuatro

Cinco

Seis

Siete

Ocho

Nueve

Diez

UNIDAD 3

Al colegio

Aquel

¿Llevas el libro?

Aquí está

El cuaderno

La pluma

Niños

Podéis sentaros

¿Estáis listos?

Ahora llamo a...

La pizarra

Cuántos son...

La goma

El lápiz

El mapa

La regla

El sacapuntas

La silla

El cuaderno

La ventana

El pupitre

La puerta

Naranja

Blanco

Azul

Amarillo

Marrón

Negro

Rosa

Verde

Violeta

Rojo

Colorea

Los globos

¿Qué hay?

Un broche

Tijeras

Imperdible

Cartulina

Cinta adhesiva

El pegamento

Los dibujos

Tienes listo

UNIDAD 4

La hora de dormir

Son las diez

Ordena

Tu habitación

La cama

Mamá

Los números

Once

Doce

Trece

Catorce

Quince

Dieciséis

Diecisiete

Dieciocho

Diecinueve

Veinte

¿Qué hora es?

Su número de teléfono

Un reloj

UNIDAD 5

El cumpleaños

Felicidades

El abuelo

Mi fiesta

¡Claro!

Una sorpresa

El jardín

Gracias

¿Dónde está?

Poco después

Cumpleaños feliz

Dulcísima

Enero

Febrero

Marzo

Abril

Mayo

Junio

Julio

Agosto

Septiembre

Octubre

Noviembre

Diciembre

Primavera

Verano

Otoño

Invierno

Hace buen tiempo

Hace calor

Hace viento

Hace frío

¿Cuántos años tienes?

¿Cuándo es tu cumpleaños?

Tarjeta

Pinturas

Feliz

Amiguito

¡Qué cumplas muchos más!

UNIDAD 6

La merienda

Tengo hambre

Yo también

Prepárame

Té

Pan

Mermelada

Zumo de naranja

Siempre

Al rato

¡Qué bueno eres!

¡Qué amable!

¡Quema!

¡Si te cojo!

La leche

El desayuno

Para almozar

Pescado

¿Me trae?...

Qué tenemos

Para cenar

Me gusta

Tengo sed

Comer

Beber

Un batido de frutas

Salida

El juego de la oca

¿Cómo te llamas?

¿Qué tiempo hace?

Vuelve al...

¿Cuál es tu comida preferida?

¿En qué mes estamos?

Cuenta...

¿Qué te gusta desayunar?

UNIDAD 7

La danza del sol

Hoy

Hasta mañana

Entonces

Yo salgo

¿Dónde vas?

Jugar

A la calle

Está lloviendo

Bailar

Vale

Caracol

Las nubes

Llueve

Hace sol
Está nublado
Nieva
Molinete
Vete al sol
Tu padre
Tu madre
Un camisón
La canción

UNIDAD 8

En casa
Ven, entra
La entrada
El salón comedor
La cocina
Muy bonita
Vamos a subir
Mi cuarto
El cuarto de baño
¿Dónde está...?
Delante de
Debajo de
Encima de
Detrás de
¿En qué habitacion?
Abierta
Cerrada

UNIDAD 9

La muestra de animales
Los elefantes:
Voy a llamar

Hay un premio
Más bonito
¡Qué bien!
Me encanta
El primer premio
Perro
Pez rojo
Tortuga
Papagayo
Gato
Conejo
Caballo
Hámster
Ardilla
Peces tropicales
Estos son mis...
¿Qué animal es?
Busca
Dentro de
La serpiente
Una careta

UNIDAD 10

En el medico
¿A quién le toca?
Me duele
¿Qué te pasa?
El ojo
La nariz
El brazo
La pierna
El dedo
Tú siempre el mismo

La cabeza
El pelo:
La boca
Las mejillas
El diente
La lengua
La barbilla
Las orejas
Mira y cuenta
Una marioneta

UNIDAD 11
Ve a vestirte
La camisa
El pantalón
La rebeca
El abrigo
Tengo frío
La bufanda
Los guantes
El jersey
El vestido
La falda
Los calcetines
El gorro
La ropa
La cazadora
Sentado

UNIDAD 12
En el parque
Los champiñones
Un zorro
La mariposa
No veo nada
La rana
El lobo
El puente
Un río
La comba
Tintero
Papel
Lunes
Martes
Miércoles
Jueves
Viernes
Sábado
Domingo
Excursión
Casill
Dado
Una vuelta
Coges
Tortilla
Estás cansado
Castañuelas
En los alrededores